LE
SAUVEUR DE L'HUMANITÉ

CONSÉQUENCE DU PROBLÈME SOCIAL RÉSOLU

PAR

SCAILLETTE DIT VICTORIEN

Auteur de la Nouvelle Lumière, vol. in-8º; de la Pierre philosophale;
de la Clef du Bonheur; du Pouvoir expirant; du Paradis sur
terre; du Triomphe de la Liberté; l'Ami du Genre humain; la
Conversion de la Rente; le Mouvement perpétuel; la Réforme
électorale; Progrès de l'Esprit; la Révolution morale; le Droit
de l'Homme; la Force de la Raison; il n'y a pas d'usuriers dans
Paris; et la Régénération sociale.

Chaque brochure : 25 cent.

LES OEUVRES COMPLÈTES, PRIX : 7 FR. 25 CENT.

PARIS

CHEZ L'AUTEUR, RUE DU BAC, 19.

—

17 JANVIER 1848.

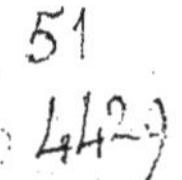

LE
SAUVEUR DE L'HUMANITÉ

CONSÉQUENCE DU PROBLÈME SOCIAL RÉSOLU

PAR

SCAILLETTE DIT VICTORIEN

Auteur de la NOUVELLE LUMIÈRE, vol. in-8º ; de la Pierre philosophale ;
de la Clef du Bonheur ; du Pouvoir expirant ; du Paradis sur
terre ; du Triomphe de la Liberté ; l'Ami du Genre humain ; la
Conversion de la Rente ; le Mouvement perpétuel ; la Réforme
électorale ; Progrès de l'Esprit ; la Révolution morale ; le Droit
de l'Homme ; la Force de la Raison ; Il n'y a pas d'usuriers dans
Paris ; et la Régénération sociale.

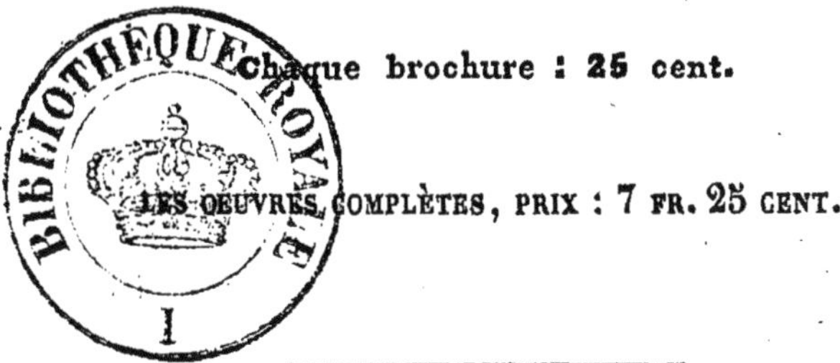

Chaque brochure : **25 cent.**

LES ŒUVRES COMPLÈTES, PRIX : 7 FR. 25 CENT.

BIBLIOTHÈQUE ROYALE
I

PARIS
CHEZ L'AUTEUR, RUE DU BAC, 19

—

17 JANVIER 1848.

AVIS.

Ces ouvrages ont eu pour résultats :

La suppression de la *Loterie* et des maisons de *Jeux ;*

La *Réforme* électorale publiée en 1839, dont s'occupent tous les esprits;

La suppression du *vote secret* (voyez les articles 439 et suivants du Progrès de l'Esprit, et 496 et suivants de la Révolution morale) ;

Plus, cette *justice* divine proclamée par le Grand-Turc (voyez la Révolution morale);

Les intérêts du *Mont-de-Piété* réduits de moitié (voyez Il n'y a pas d'usuriers dans Paris);

Dieu n'est plus un mystère (voyez les articles 919, 1026 de la Nouvelle Lumière; 1497 de la Clef du Bonheur; 1510, 1511, 1622 et 1678 du Pouvoir expirant; 100 du Paradis sur Terre, et 422 du Progrès de l'Esprit).

NOTA.

Les mots en lettres italiques renvoient à la table de la Nouvelle Lumière *et au sommaire du* Problème social résolu.

PARIS. — Imprimerie BONAVENTURE et DUCESSOIS,
quai des Grands-Augustins, 55, près le Pont-Neuf.

LE
SAUVEUR DE L'HUMANITÉ

129

La politique est une affaire d'argent, car si l'abus du pouvoir tombe de lui-même et pour toujours, faute d'argent pour payer ses complices, en ne lui donnant que tout juste pour payer les dépenses utiles de l'Etat, il ne suffit pas de dire qu'il y a quatorze cents millions de recette, et seize cents millions de dépenses, mais bien de poser en principe qu'on ne peut acquérir que des produits de la terre.

Or, supposons vingt sous par jour de dépense par personne, c'est trente-cinq millions par jour, et plus de douze milliards par an ; donc le sixième d'impôt qui frappe sur le revenu des terres fait deux milliards, et par conséquent cinq cents millions de plus que le plus fort des budgets.

Or, où passent ces cinq cents millions ? où passe le sixième d'*impôt* qui frappe sur le revenu des maisons ? où passe le dixième des frais de vente, où il suffit de vendre une propriété dix fois pour qu'elle double de prix? où passe le droit des entrées en France et dans les grandes villes? où passent les produits de la poste, les successions sans héritiers, les cinquante pour cent de frais quand il y a des créanciers, les patentes, les brevets d'invention, les permis de chasse et de pêche, les amendes en tous genres, les frais de justice, où l'on change presque toujours le bon argent contre du mauvais, soit qu'on perde où qu'on gagne son procès? Ajoutez le droit de battre monnaie avec du papier, joint à la dette publique, qui est incalculable, il est évident que le monopole et les impôts rapportent plus aux rois que s'ils étaient propriétaires de leur royaume.

130

On voit que le sixième d'*impôt* qui frappe sur le revenu des terres est plus que suffisant pour payer toutes les dépenses utiles de l'Etat.

Mais comme il suffirait d'afficher le cadastre de chaque commune et ses dépenses, pour qu'on ne pût plus détourner un centime sans qu'on le sût, il y a deux moyens de s'opposer à la corruption : soit par le refus de l'impôt, ou en ne donnant que tout juste pour payer les dépenses utiles de l'Etat.

Exemple : Le député de Toulouse refuse l'impôt pour s'opposer à l'abus du pouvoir ou pour arriver à la réforme; moi, je paye le tiers de mes impôts,

parce que je ne veux pas donner des armes pour me
faire battre ; mais comme on a saisi et vendu mes
meubles en 1846, tout en ne cédant qu'à la force,
et que je me proposai de ne pas céder l'année sui-
vante, j'ai eu pour résultat une réduction de deux
tiers sur mes contributions.

131

Charité commence par soi-même, disent les rois;
mais comme les animaux pensent moins pour eux
que pour leurs petits, comme nous pensons moins
pour nous que pour nos enfants, la question est de
savoir si les rois pensent moins pour eux que pour
les enfants de la *patrie*.

132

La politique, c'est l'*argent*, car le plus mauvais
des rois, se trouvant réduit à lui-même faute d'é -
cus pour payer ses complices, en ne lui donnant
que tout juste, il faut qu'il travaille au bonheur de
ses sujets, sous peine de porter sa tête sur l'échafaud.

Autrement, nommez le plus juste et le plus ca-
pable à la direction de l'Etat, en payant plus d'impôts que la valeur de la marchandise, vous avez
pour résultat l'anarchie, soit pour reprendre son
bien, soit pour obtenir des subventions, ou pour
arriver au pouvoir et remplir ses poches.

133

, C'est une vertu que de défendre ses *droits*, sa patrie et son bien; mais comme les rois, avec leur droit de conquête et leurs impôts forcés, font le contraire, et qu'on ne peut s'y opposer sans passer par la main du geôlier ou du bourreau, on ne s'entend plus, quand la vertu est un crime et que le crime est une vertu..

134

S'il est vrai que la *nature* ne favorise pas plus le fils d'un roi que le fils du dernier des sujets, et qu'il n'y a pas un homme qui pourrait obéir sincèrement à celui qui dirait et ferait plus mal que lui, les rois, pour se faire obéir et payer les souteneurs de leur couronne non méritée, nous accablant d'impôts; on voit où le mal commence et finit, puisqu'ils tombent d'eux-mêmes en ne leur donnant que tout juste pour payer les dépenses utiles de l'Etat.

135

Il y a trois sortes de *coupables* : les rois, qui donnent l'exemple du vol et de l'assassinat avec leur droit de conquête; le manque de bon sens, qui prend le mauvais exemple pour le bon; et la vertu, qui ne peut poursuivre la cause du mal sans commettre le plus grand des crimes aux yeux des lois qui nous gouvernent; mais comme on condamne la vertu et le fait innocent pour sauver la cause du mal, qui est inviolable et sacrée , et qu'il en serait autrement si on était gouverné par celui qui mérite le mieux, quel est l'homme qui oserait faire le mal avec la morale en action, pour subir le plus grand des supplices, lorsqu'il suffira de suivre le bon exemple pour jouir de l'estime publique, qui est la plus belle des récompenses.

136

Pour savoir si les rois sont *coupables*, supposons que le maire d'une commune se dise inviolable et sacré, pour avoir le droit de prélever le bien de ses habitants; ceux-ci se révoltânt contre un tel homme, et cet homme ayant recours à de nouveaux impôts pour armer les uns contre les autres, de manière à diviser les esprits pour régner, que dirait-on des juges nommés par lui, s'ils condamnaient la vertu qui poursuit le plus grand des scélérats ?

137

Les rois qui travaillent à la ruine, à la destruction et à la corruption des peuples, avec les deniers publics, ont bien raison de dire que c'est une *couronne* d'épines; mais si la responsabilité pour eux c'est l'enfer, et que c'est une charge quand on ne donne que tout juste, dès l'instant qu'on se croit aussi heureux qu'un roi, c'est que cela est.

138

Quelles sont les conséquences de la corruption des peuples avec les deniers publics? Car, du moment qu'il faut respecter les défauts des autres sous peine d'être *bourru*, et respecter les crimes des rois sous peine de porter sa tête sur l'échafaud, ne pouvant parler raison sans se fâcher, on flagorne ou on parle pour ne rien dire, puisque c'est pour cela qu'on fait la réclame à 6 fr. par ligne, et qu'il ne reste que le titre dans la mémoire, d'après la lecture de tous les journaux.

139

Il n'y a que deux sortes d'hommes sur la terre, les honnêtes gens contre les *fripons ;* mais comme il y a des floueurs et des floués dans chaque parti, et qu'il n'y a ni l'un ni l'autre entre gens de bien, les honnêtes gens réunis ne sont du parti de personne, et sont plus forts que tout le monde, car si le plus mauvais sujet n'osait se dire l'ennemi des gens de bien, à quoi bon combattre des hommes qui ne peuvent attaquer ni se défendre?

140

Que feraient les rois tyrans faiseurs de dupes, si on leur disait : nous voulons bien payer toutes les dépenses utiles de l'Etat, et défendre la patrie contre les ennemis de la France ; mais nous ne voulons pas payer pour encourager le droit de conquête, et pour armer le fils contre le père, et corrompre les hommes ; mais nous voulons la garde nationale bien organisée, composée de huit millions d'âmes, pour éviter deux *forces* et deux intérêts contraires.

141

Dites-moi pourquoi les terres et tous les produits de la terre ont triplé et quadruplé de prix depuis un demi-siècle ? Parce qu'il n'y a que trois moyens de placer l'*argent* : sur propriété, dans le commerce et sur l'Etat ; mais comme on ne peut placer dans le commerce quand on tolère les faiseurs de dupes, ni sur l'Etat quand la dette publique est incalculable, joint au dixième de frais de vente, on comprend pourquoi les propriétés sont hors de prix, faute de pouvoir placer ailleurs.

Autrement, la confiance rétablie, qui voudrait conserver des terres qui ne rapportent que deux et demi, quand cela rapportera douze du cent avec sécurité dans le commerce ?

142

La *critique* qui se borne à montrer le mal, et la louange qui fait passer nos vices pour des qualités, sont funestes.

Mais comme la critique qui indique les moyens

de faire mieux peut nous sauver; et que la louange bien méritée nous encourage au bien, il y a la louange et la vérité qui sont contraires à tout le monde, et la vérité et la louange qui ne sont contraires à personne.

143

Les douleurs du corps étant moins cruelles et moins compliquées que les peines de l'âme, parce qu'il y a des douleurs du corps sans peines de l'âme, et qu'il n'y a pas de peines de l'âme sans que le corps en souffre, les trois quarts des *maladies* viennent du mauvais sens qu'on éprouve, bien que ce soit de notre faute, puisqu'on est bien tourmenté quand on donne des armes pour se faire battre.

144

On a inventé la crainte de l'enfer et l'espérance du paradis pour s'opposer aux mœurs corrompues, comme la machine infernale a eu pour résultats la condamnation des délits politiques et les lois de septembre; mais comme on a fait semblant de se brouiller avec les autres puissances pour avoir les bastilles, et que le *choléra* nous a détournés de nos trois jours de gloire, les moyens de ne donner que tout juste, c'est le contre-poison.

145

Chacun a son *opinion*, puisque l'opinion, tirée

des intérêts différents, fait que l'opinion de l'un n'est l'opinion de personne ; mais comme l'abus du pouvoir tombe de lui-même, en ne lui donnant que tout juste, et qu'il n'y a pas un homme qui oserait se dire l'ennemi des gens de bien, il viendra un temps où toutes les opinions seront coiffées du même bonnet.

146

Dans l'*ordre* voulu, la vertu poursuit le crime ; mais dans l'ordre renversé, c'est le crime qui poursuit la vertu, avec cette différence que l'on ne peut commettre un crime envers la société, ni poursuivre la cause du mal, sans porter sa tête sur l'échafaud.

147

Il y a deux sortes de tyrans faiseurs de dupes, ceux qui sont à la direction des affaires, et ceux qui veulent les renverser pour y arriver et remplir leurs poches, comme on a toujours fait depuis que le monde existe.

Autrement, comme cela ne sert à rien de solliciter quand on rend justice, et qu'on ne recherche pas les emplois publics quand on ne donne que tout juste, et qu'on ne peut plus détourner un centime sans qu'on le sache, loin de craindre l'*anarchie*, pour arriver au pouvoir, il faudrait rechercher les hommes de bien pour être à la direction de l'Etat, comme les maîtres sont toujours à la recherche des bons sujets.

148

Voulez-vous avoir une idée du *chaos* débrouillé? Supposez-vous entièrement dans les ténèbres, où il y a peu de bonnes choses et beaucoup de mauvaises.

Comment trouver les bonnes et choisir les meilleures quand on n'y voit goutte?

Avec cette différence, que l'on peut trouver des choses qui se palpent et qui se voient, et qu'il est difficile de trouver des principes qui ne se voient pas.

149

On s'occupe beaucoup de la *réforme*; et peu du juste, de la vérité et de la raison, et pour cause; car que ferions-nous de cette justice qui condamne la vertu et le fait innocent, pour sauver la cause du mal? .

Que feriez-vous de cette vérité qui irrite les peuples contre les rois, et les rois contre les peuples, sans pouvoir rien changer, en se bornant à montrer le mal comme des médecins sans remède?

Et que feriez-vous de cette raison qui n'en est pas une, puisque, du moment que les actions des peuples sont les actions des rois, il arrive que la chose la plus juste est toujours injuste quand elle est contraire à notre intérêt, comme la chose la plus iujuste est tonjours juste quand elle y entre?

150

Le premier mouvement que tous les êtres ressentent en naissant, c'est la liberté de faire ce que bon leur semble; mais comme la *liberté* consiste à faire ce que l'on veut, quand cela ne nuit à personne, parce qu'on ne peut faire le mal sous peine de guerre civile, on ne comprend pas la liberté quand on ne fait rien que par orgueil, par intérêt personnel et par jalousie contraire à tout le monde, et on n'en jouit pas souvent, quand on ne peut suivre ni s'opposer au mauvais exemple, ni dire la vérité, ni mentir, sans payer l'amende, ou sans passer par la main du geôlier ou du bourreau.

151

Que l'on ait des *bastilles*, des armées sur le pied de guerre, et des nuées d'agents de police pour s'opposer à celui qui arme son bras, ou à celui qui se borne à montrer le mal, c'est possible, puisqu'on ne peut rien changer avec la force brutale qui irrite les esprits, et que détruire sans améliorer, c'est l'œuvre d'un ignorant, d'un machiavéliste ou d'un fou.

Mais avoir recours à la force brutale, aux geôliers et aux bourreaux, pour s'opposer aux moyens de rendre les peuples plus heureux et meilleurs sans nuire à qui que ce soit, on peut dire : Charenton, ouvrez vos portes!

Bien que cela s'explique, puisque les rois coupables tomberaient d'eux-mêmes ou subiraient le plus grand des supplices, si on proclamait cette justice divine qui ne donne que tout juste et qui punit le mal et récompense le bien sans passe-droit.

152

M. de Lamartine a bien dit : *Un principe, pas de partis !* Mais comme il s'est gardé de dire quel était ce *principe*, et quels sont les hommes qui ne sont d'aucun parti, voulez-vous savoir pourquoi on ne trouve pas un homme pour proclamer la seule planche de salut? parce qu'on ne peut plus se vendre ni arriver au pouvoir pour remplir ses poches, quand on ne donne que tout juste, et qu'on ne peut plus détourner les deniers publics sans qu'on le sache.

153

Qui voudrait croire que l'on donne plus qu'on ne possède, et que c'est précisément ceux qui paient peu et ceux qui ne paient pas, qui paient pour ainsi dire toutes les dépenses de l'Etat.

Car dès l'instant qu'on paie plus d'impôts que la valeur de la marchandise, il arrive que les rois reçoivent plus d'argent sans main-d'œuvre que celui qui vend au comptant.

Car pour celui qui vend à crédit quand on ne peut compter sur personne, il arrive souvent qu'il

perd sa main-d'œuvre, *l'impôt* prélevé, et sa marchandise ; triple perte pour lui, et double gain pour
le pouvoir, puisque l'on change presque toujours
du bon argent contre du mauvais, soit qu'on perde
ou qu'on gagne son procès.

Mais, comme les propriétaires et marchands
louent et vendent dans les proportions qu'ils achè-
tent, dans les proportions des impôts qu'ils paient,
et dans la proportion des chances de pertes, ce
sont les petits rentiers et les travailleurs qui paient
pour ainsi dire toutes les dépenses de l'Etat, soit
en payant un verre de vin de deux liards deux sous,
soit en payant une livre de sel de deux liards cinq
sous, ou soit en payant une livre de tabac de six
sous quatre et six francs, qui fait trois fois, neuf
fois, et dix-neuf fois plus d'impôts que la valeur de
la marchandise.

154

Pour savoir si les rois sont plus *coupables* que
les peuples, ou si les peuples sont plus coupables
que les rois, que penser des rois qui travaillent à la
ruine, à la destruction et à la corruption des peuples avec les deniers publics ? et que penser des
peuples qui meurent de besoin, et qui sacrifient
tout ce qu'ils possèdent, soit pour encourager la
guerre de puissance à puissance, soit du peuple au
gouvernement ou entre nous, en donnant des armes pour se faire battre, et en payant l'impôt du
sang et de l'argent ?

155

S'il est vrai qu'on ne peut faire de plus grand plaisir au bon sens que de lui dire où il a manqué, quand on lui indique les moyens de faire mieux, le pape, le curé Meslier, l'abbé Dubois, l'abbé Châtel, Lamennais, Béranger et Barthélemy, n'étant autre chose que des hommes convertis, on comprend comment on peut convertir le plus mauvais sujet avec l'*exemple* du bien, puisque le bon sens se convertit de lui-même avec l'exemple du mal, quand on proclame les moyens de ne donner que tout juste.

156

Si l'acquéreur recherche les gens de bonne foi pour acheter, comme les maîtres recherchent les bons sujets, préférant un étranger qui nous fait du bien qu'un parent qui nous fait du mal, et réclamant la réforme pour nommer les plus justes et les plus capables à la direction de l'Etat, la question est de savoir si la cause des peuples est gagnée ou perdue, quand on donne la préférence au *mérite*, malgré nos mœurs corrompues.

157

Il y a trois moyens de s'exprimer, soit verbalement ou par écrit ; mais comme on ne peut parler raison sans se fâcher, avec des lois contraires au juste, et que les *flagorneurs* sont dangereux, ne pouvant écouter quand on parle pour ne rien dire, on peut ouvrir la bouche pour boire et manger, mais pas souvent pour parler.

158

Les meneurs de tous les partis se divisent en quatre classes : d'une part, les *corrupteurs* et les corrompus ; et, de l'autre, ceux qui voudraient se vendre, et ceux qui veulent renverser l'abus du pouvoir pour y arriver et remplir leurs poches, comme on a toujours fait, à moins que d'en trouver un qui ait proclamé les moyens de ne donner que tout juste pour payer les dépenses utiles de l'Etat, puisqu'il n'y a plus de corrupteurs ni de corrompus, et que l'on ne peut plus se vendre ni arriver au pouvoir pour rogner le budget, quand on ne peut plus détourner un centime sans qu'on le sache.

159

Voulez-vous savoir pourquoi on ne trouve pas un journaliste dans la capitale pour rendre compte des hommes qui refusent *l'impôt*, et pourquoi on n'en trouve pas un en France pour proclamer les moyens de ne donner que tout juste, qui est la seule planche de salut? parce que les meilleurs organes veulent renverser l'abus du pouvoir, et conserver le budget pour remplir leurs poches.

160

La moralité est à la *paix* ce que l'immoralité est à la *guerre*. Mais comme les rois veulent la paix à

tout prix, en corrompant les peuples avec les deniers publics, savez-vous pourquoi on veut la paix
quand on fait tout pour la guerre? parce qu'on ne
peut se maintenir que par la force brutale quand
on a tort, et que dès l'instant qu'on paye la moitié
du monde pour surveiller et combattre l'autre, il
arrive qu'on ne peut attaquer ni se défendre envers
les autres puissances avec deux forces et deux intérêts contraires.

161

Il y a deux sortes d'*organes* de l'opinion publique ; celui qui se vend et celui qui résiste ; mais
comme celui qui accepte est esclave, et que celui
qui refuse jouit de sa liberté, l'esclave ne pouvant
plus communiquer ses pensées, éprouve le plus
grand des supplices ; l'autre jouit de l'estime publique, qui est la plus belle des récompenses.

Or, on comprend pourquoi le bon sens se convertit de lui-même, et pourquoi les vendus repren-
nent la parole quand on parle du refus de l'impôt
ou des moyens de ne donner que tout juste.

162

Le bon sens ressemble à celui qui en est privé,
avec cette différence, que les pauvres d'*esprit* ne
font rien que par orgueil, par intérêt personnel et
par jalousie contraire à tout le monde, et que le
bon sens ne fait rien que pour la gloire, l'intérêt
général et l'émulation, qui ne sont contraires à

personne. Sous ce rapport, les esprits bouchés ne connaissent pas leurs intérêts, puisqu'ils ont tout le monde contre eux, et que les autres n'ont personne.

163

De deux choses l'une : un *roi* a du bon sens ou il n'en a pas; s'il en a, il ne peut travailler à la ruine et à la destruction de ses sujets; s'il n'en a pas, comment peut-il gouverner des millions d'âmes, s'il n'y pas un homme qui pourrait obéir sincèrement à celui qui dirait et ferait plus mal que lui.

164

On ne peut rien faire sans un *principe* quelconque ; mais comme les mauvais sont funestes, et que les bons sont bien rares, quels sont les principes du Dieu que nous adorons ?

On sait qu'il éclairait les peuples avec le flambeau de la vérité, en pensant moins pour lui que pour nous ; puisqu'il s'est sacrifié pour sauver tout le monde, en combattant le genre humain avec les armes de la raison.

Mais comme ses apôtres ont fait le contraire en prêchant l'erreur pour la vérité, et en pensant moins pour nous que pour eux, Jésus employant la force morale qui gagne les cœurs, et les républicains ayant recours à la force brutale pour arriver au pouvoir et remplir leurs poches, que penser de ceux qui soutiennent le droit d'aînesse, car si le premier qui fut roi était responsable, non héréditaire et nommé par la volonté du plus grand nombre, comme un président,

On conçoit comment ces trois pouvoirs contraires, divisés et corrompus, ne feraient qu'un, s'ils revenaient aux principes du Jésus républicain par excellence.

Mais comme Jésus ne savait pas où le mal commence et finit, et qu'il y a dans chaque parti des floueurs et des floués, ne trouvant ni l'un ni l'autre entre gens de bien, le meilleur parti et la meilleure des religions, c'est la réunion des gens de bien, pour proclamer cette justice divine qui ne donne que tout juste.

165

Le meilleur de tous les *partis*, c'est le parti national quand il n'est pas contraire aux autres puissances; mais comme les hommes qui ne pensent que pour eux ne comprennent guère l'intérêt général, il faudrait que ce parti fût composé d'hommes de bien, par la raison qu'il n'y a pas un homme qui oserait dire : Je maudis les honnêtes gens et ma patrie.

166

On sait que M. *Gustave* de Beaumont a dénoncé à la tribune, l'année dernière, qu'il avait la preuve par écrit, que le directeur du domaine avait déboursé deux millions deux cent trente-sept mille francs pour indemniser la *Mode*, l'*Esprit public*, la *Démocratie pacifique* et autres, condamnés pour délits de presse.

Or, voulez-vous savoir pourquoi on paye pour faire de l'opposition, comme on paye pour soutenir l'abus du pouvoir? Parce que la liberté de la presse, avec les lois de septembre et la responsabilité des imprimeurs, n'existe que pour les souteneurs de mauvais principes, et que les corrupteurs veulent prouver le contraire, en condamnant l'auteur des bastilles à six mille francs d'amende, soit pour faire peur aux autres, ou comme savon pour laver les taches. Autrement il faudrait se demander pourquoi on vient d'acquitter la *Démocratie*, et condamner la *Gazette de France* pour le même sujet.

167

Nous sommes les fils de Dieu, comme produits du créateur de toute chose, avec cette différence que le créateur n'est rien par lui-même, et que nous sommes quelque chose. Le créateur, c'est l'espace qui est à l'infini et qui se cristallise comme l'eau de la mer, dont le plus petit objet est soumis au plus gros, comme l'aimant attire le fer, et comme la terre attire tout à elle par la gravitation. Et la preuve qu'il en est ainsi, soumettez telle chose qui vous plaira à l'analyse, vous y trouverez le moins quatre choses : de la terre, de l'eau, de l'air et du feu ; mais comme chaque chose a son

produit, et que tout se consomme et s'évapore avec
le temps infini, ces quatre éléments divisés dans
l'espace n'étant rien par eux-mêmes, il est évident
qu'ils se cristallisent de nouveau, puisqu'on les re-
trouve en toute chose.

Autrement, ne trouvant pas d'effet sans cause,
si le créateur était quelque chose, il y aurait une
autre cause, et ainsi de suite, puisque sans cause
il n'y a pas d'effet.

Mais comme le feu domine partout, comme
une meule de foin mouillée par sa fermentation
s'enflamme, le monde réchauffé au-dehors comme
au-dedans, et suspendu dans l'espace comme un
vaisseau sur l'Océan, tout naît et disparaît comme
un baptême et un enterrement.

(Voyez *Dieu n'est plus un mystère.*)

168

A tort ou à raison, la loi du plus *fort* fut toujours
la meilleure depuis que le monde existe. Or, pour
savoir s'il en est de même aujourd'hui, et si la
force morale doit triompher, quel est l'homme qui
oserait crier aux armes avec les moyens de ne
donner que tout juste, si on en excepte les rois tyrans et leurs complices,

169

On doit honorer les propagateurs des idées nou-
velles; mais comme on devrait s'incliner devant

ceux qui les font naître et qui les propagent, à quoi bon d'écrire sur leurs tombes : *Panthéon des grands hommes; la patrie reconnaissante,* puisqu'une approbation de notre vivant vaut mieux que cinquante statues après la mort?

170

Pourquoi n'est-il plus question des *communistes?* Parce que c'est une chose absurde, pour nous détourner des moyens de ne donner que tout juste.

Mais comme ils ne pouvaient arriver au partage des biens que par le pillage, la guerre civile et les incendies, et qu'ils pouvaient dire à celui qui débourse et au plus coupable : Si tu payes pour armer le fils contre le père et corrompre les hommes, je te brûle, et qu'on ne peut s'opposer à celui qui met le feu, on comprend pourquoi les communistes n'ont fait que naître et disparaître comme un baptême et un enterrement, puisqu'on préfère serrer les cordons de sa bourse, et travailler au bonheur de ses sujets, que de se voir brûlé, soit dans sa maison, soit dans son château ou dans son palais.

171

La *victoire* des peuples sur les rois avec la force brutale qui irrite les esprits, est une défaite, car si les partis différents se déchirent entre eux après la victoire, pour arriver à la direction des affaires et remplir leurs poches, comme on a toujours fait depuis que le monde existe, à quoi bon armer son bras, si on a toujours évité un mal pour tomber dans un pire?

Autrement, la victoire remportée par la force morale qui gagne les cœurs, réconciliant tous les esprits en ne donnant que tout juste, on peut craindre les voleurs des deniers publics, les injustices, les bourreaux et les buveurs de sang qui ne pensent que pour eux; mais comment peut-on craindre des gens de bien qui ne sont contraires à personne, et qui travaillent à notre bonheur, sans d'autre espèce d'intérêt que celui d'être utile à l'humanité dont ils font partie?

<h2 style="text-align:center">172</h2>

Pourquoi les *communistes* et les malheureux qui payent et qui souffrent ont-ils eu recours aux incendies, puisqu'il y a perte pour celui qui possède, sans bénéfice pourcelui qui met le feu?

C'est pour reprendre leur bien, ou pour forcer les plus riches et les plus coupables à ne donner que tout juste pour payer les dépenses utiles de l'Etat.

C'est la nature qui va plus vite que l'esprit, et qui ne peut rendre sa pensée; ce sont les vainqueurs de nos trois jours de gloire, qui ne se doutent pas qu'ils ont fait la plus belle action qui ait jamais paru depuis que le monde est monde, puisqu'on n'a jamais vu des soldats, après la victoire, fusiller de leur propre mouvement leurs camarades pour avoir pillé.

173

On ne peut donner plus qu'on ne possède ; mais par une rouerie infernale, digne de nos machiavélistes, il arrive que le plus pauvre paye au-delà de son travail ou de son revenu.

Exemple : Achetez une livre de sel de deux liards qui se vend cinq sous, le pouvoir retirant quatre sous et demi pour racheter neuf livres de sel qu'il revend quarante-cinq sous ; vous n'avez pour vos cinq sous que deux liards de marchandise, et le pouvoir est quatre-vingt-neuf fois plus riche sans bourse délier ; mais comme il en est de même pour les liquides, et que c'est le double pour le tabac, et qu'il en est à peu près de même sur tous les produits de la terre qui sont doublés et triplés d'*impôts*, on voit comment on peut prélever plus qu'on ne possède.

174

On peut condamner la *vertu* qui poursuit la cause du mal, parce qu'elle est réduite à elle-même par la division des esprits ; mais quel est l'homme qui oserait la condamner, si les gens de bien faisaient cause commune.

175

On conçoit comment un roi peut gouverner des millions d'âmes, en pensant moins pour lui que pour eux ; mais demandez aux sauvages les plus *stupides*, si un seul homme peut travailler à la ruine et à la destruction des millions d'hommes, à moins de lui donner des armes pour se faire battre.

176

Il y a une idée fixe qui est aussi ancienne que le monde, et qui no finira qu'avec nos mœurs corrompues, c'est la haine des esclaves dupés contre les tyrans faiseurs de dupes.

Comme il y a des *principes* immortels sans lesquels il n'y a pas de société possible, c'est le droit de propriété pour tout le monde, et le droit de conquête pour personne. C'est la liberté de faire ce que l'on veut quand cela ne nuit à qui que ce soit, si on en excepte le châtiment réservé aux coupables. C'est la liberté de la presse avec des lois sévères pour réprimer l'erreur et la calomnie ; c'est le droit de s'opposer au mal en indiquant les moyens de faire mieux ; c'est le droit d'élire, sous peine de ne pas avoir le droit de choisir quelqu'un pour gérer son bien : donc le droit de nommer est inséparable de celui de destituer ; c'est l'égalité devant la loi et sans bourse délier, parce que le malheureux opprimé sans argent ne peut se faire rendre justice, et qu'on change du bon argent contre du mauvais, soit qu'on perde ou qu'on gagne son procès. En définitif, c'est cette justice divine qui ne donne que tout juste, la vérité qui

éclaire, et la raison qui nous sépare des animaux;
et non cette justice qui condamne la vertu pour
sauver le crime, ni cette vérité qui se borne à montrer le mal, et encore moins cette raison qui
s'appuie sur des lois contraires au juste et sur la
force brutale qui décide.

177

Dites-moi pourquoi *Fourier* n'a pas trouvé un
ami pour lui apporter un bouillon lorsqu'il expira
dans une mansarde, et pourquoi il en trouve à
l'infini quand il n'a plus d'oreilles pour entendre,
ni de mains pour recevoir?

Parce que l'orgueil, qui se croit le premier,
craint le mérite au-dessus du sien, et qu'il ne peut
craindre et aimer à-la-fois, lequel aime après la
mort parce qu'il ne craint plus.

Autrement, forcé de reconnaître la supériorité
des autres, quand on nomme à haute voix les plus
justes et les plus capables à la direction des affaires,
et l'orgueil ne pouvant méconnaître le mérite
nommé par lui sans se donner un démenti, le vote
secret fut inventé pour démentir ce qu'on a dit et
ce qu'on a fait.

178

Pourquoi les Turcs détruisent-ils moins de
monde en dix ans que nous en un jour? Parce qu'on
ne peut tromper le public sous peine d'être brûlé

ou pendu. Mais comme il serait encore mieux gouverné, si le bourreau de la Pologne n'avait pas étouffé cette justice divine, proclamée par le grand turc,

Voulez-vous *régénérer* le monde en moins de quinze jours, sans nuire à qui que ce soit?

Que les gens de bien fassent cause commune, pour afficher sur toutes les portes, savoir : Tous les hommes sont libres de faire ce qu'ils veulent, quand cela ne nuit à personne; mais nul ne pourra tromper le public, ni payer pour corrompre les hommes, ni travailler à leur malheur, sous peine d'être pendu, ou sous peine d'être brûlé, soit dans sa maison, soit dans son château, ou dans son palais.

De ce moment, non-seulement il n'y aurait ni brûlé ni pendu, mais on verrait disparaître l'abus du pouvoir et nos mœurs corrompues, et on verrait renaître la confiance, sans laquelle on ne peut rien faire.

179

S'opposer à l'abus du pouvoir, refuser de payer pour corrompre les hommes, et refuser de faire feu sur ses frères et sur les auteurs de ses jours étant une vertu, et cette vertu étant un crime affreux aux yeux de la *loi*, la question est de savoir si on doit obéissance à la loi ou à la raison?

Mais comme les uns s'appuient sur le juste contraire à la loi, et que les autres s'appuient sur la loi contraire au juste ;

De deux choses l'une, il faut supprimer le juste qui tient lieu de tout, la vérité qui nous éclaire, et la raison qui nous sépare des bêtes ; ou il faut supprimer les lois qui nous gouvernent.

Autrement, que penser des députés qui font les lois, des rois qui les sanctionnent, des juges qui les appliquent, et des enfants de la patrie qui les font exécuter par la force des baïonnettes ?

180

Il y a quatre moyens de *régénérer* le monde, sans nuire à qui que ce soit :

Par la privation de ce que l'on aime le mieux, puisque l'abus du pouvoir tombe de lui-même, et pour toujours, en ne lui donnant que tout juste ;

Par l'exemple de celui qui mérite le mieux, puisque les actions des peuples sont les actions de ceux qui les gouvernent ;

Par la réunion des gens de bien, puisqu'ils ne sont du parti de personne, et sont plus forts que tout le monde ;

Et par la force du châtiment, puisqu'on ne peut tromper le public, ni payer pour corrompre les hommes, sous peine d'être brûlé ou pendu.

181

Il ne s'agit pas du refus de l'impôt; au contraire,

il s'agit de payer toutes les dépenses utiles de l'E-
tat, et rien de plus, puisque c'est un crime affreux
que de payer pour encourager le droit de conquête,
armer le fils contre le père, et *corrompre* les
hommes.

182

Il ne s'agit pas de renverser les rois tyrans pour
arriver au pouvoir et remplir ses poches, comme on
a toujours fait ; au contraire, il faut les consolider
par l'*estime* publique, car le plus mauvais des rois
se trouvant réduit à lui-même faute d'argent pour
payer ses complices, en ne lui donnant que tout
juste, il faut qu'il travaille à notre bonheur, sous
peine de subir le plus grand des supplices.

183

Le plus difficile à trouver, c'est la *bonne foi*, sans
laquelle on ne peut rien faire ; mais comme les
malheureux paient plus qu'ils ne possèdent, et
qu'on est bientôt ruiné quand on ne trompe jamais
et qu'on nous trompe toujours, il arrive que l'on
n'est de mauvaise foi que par l'exemple du mal, et
par la nécessité qui n'a pas de loi ; mais comme il
y a du bon dans le cœur de l'homme, et qu'il ne
fait le mal que par la contrainte, proclamez cette
justice divine qui ne donne que tout juste, il fera
le bien de son propre mouvement.

184

Les hommes bons par nature sont nés pour vivre en société et en bonne intelligence, surtout quand ils ne donnent pas des armes pour se faire battre ; mais dès l'instant qu'ils paient plus d'impôts que la valeur de la marchandise, les uns voulant arriver au pouvoir pour remplir leurs poches, et les autres devenant leurs complices pour ravoir leurs biens, c'est une poule que l'on donne à deux coqs qui vivent en bonne intelligence, et qui ne peuvent se réconcilier qu'en retirant la cause de leur *discorde*, puisque sans cause il n'y aurait pas d'effet.

185

La *Gazette de France* nous dit qu'il n'y a que deux moyens pour arriver à la *réforme* : par la force brutale ou par le refus de l'impôt. Mais pour savoir si nos meilleurs organes de l'opinion publique sont à la hauteur de l'esprit du siècle, qu'auraient-ils à répondre, si on leur disait qu'il y a quatre moyens d'arriver à la réforme sans nuire à qui que ce soit, et sans avoir recours à la force brutale ou au refus de l'impôt, puisqu'on peut anéantir l'abus du pouvoir et rétablir l'ordre, soit en ne donnant que tout juste, soit par le bon exemple, soit par la réunion des gens de bien, ou par la force du châtiment.

186

On sait que le froid arrive dans les proportions que le soleil s'éloigne, et que le froid disparaît dans les proportions que le soleil se rapproche, comme le plus grand froid existe quand le soleil est le plus éloigné.

Mais comme on fait commencer l'hiver à cette époque, et au moment que les jours sont égaux, et après avoir supporté la moitié du plus grand froid, l'hiver devant commencer quarante-cinq jours avant, et finir quarante-cinq jours après, il arrive que tout est faux, jusqu'au *calendrier*.

187

Ceux qui paient pour corrompre les hommes sont plus *coupables* que les corrupteurs et les corrompus, par la raison qu'il n'y aurait ni l'un ni l'autre, si on ne donnait que tout juste pour payer les dépenses utiles de l'Etat, surtout si on avait le droit d'élire un électeur sur cinq à haute voix, dont les électeurs nommeraient leurs députés, les députés les ministres, et les ministres leur président responsable qui gouverne l'Etat.

www.ingramcontent.com/pod-product-compliance
Ingram Content Group UK Ltd.
Pitfield, Milton Keynes, MK11 3LW, UK
UKHW020128080726
13614UKWH00005B/2102